80s Party Guest

Love Parties

Guest List

_____   _____

_____   _____

_____   _____

_____   _____

_____   _____

_____   _____

_____   _____

_____   _____

_____   _____

_____   _____

Guest List

_____   _____

_____   _____

_____   _____

_____   _____

_____   _____

_____   _____

_____   _____

_____   _____

_____   _____

_____   _____

_____   _____

Guest Name

_____

_____

Message to Treasure

_____

_____

_____

_____

Guest Name

_____

_____

Message to Treasure

_____

_____

_____

_____

Guest Name

_____

_____

Message to Treasure

_____

_____

_____

_____

Guest Name

_____

_____

Message to Treasure

_____

_____

_____

_____

Guest Name

_____

_____

Message to Treasure

_____

_____

_____

_____

_____

Guest Name

_____

_____

Message to Treasure

_____

_____

_____

_____

_____

Guest Name

_____

_____

Message to Treasure

_____

_____

_____

_____

Guest Name

_____

_____

Message to Treasure

_____

_____

_____

_____

Guest Name

_____

_____

Message to Treasure

_____

_____

_____

_____

Guest Name

_____

_____

Message to Treasure

_____

_____

_____

_____

Guest Name

_____

_____

Message to Treasure

_____

_____

_____

_____

Guest Name

_____

_____

Message to Treasure

_____

_____

_____

_____

Guest Name

_____

_____

Message to Treasure

_____

_____

_____

_____

Guest Name

_____

_____

Message to Treasure

_____

_____

_____

_____

Guest Name

_____

_____

Message to Treasure

_____

_____

_____

_____

Guest Name

_____

_____

Message to Treasure

_____

_____

_____

_____

Guest Name

_____

_____

Message to Treasure

_____

_____

_____

_____

Guest Name

_____

_____

Message to Treasure

_____

_____

_____

_____

Guest Name

_____

_____

Message to Treasure

_____

_____

_____

_____

_____

Guest Name

_____

_____

Message to Treasure

_____

_____

_____

_____

_____

Guest Name

_____

_____

Message to Treasure

_____

_____

_____

_____

Guest Name

_____

_____

Message to Treasure

_____

_____

_____

_____

_____

Guest Name

_____

_____

Message to Treasure

_____

_____

_____

_____

Guest Name

_____

_____

Message to Treasure

_____

_____

_____

_____

Guest Name

_____

_____

Message to Treasure

_____

_____

_____

_____

Guest Name

_____

_____

Message to Treasure

_____

_____

_____

_____

_____

Guest Name

_____

_____

Message to Treasure

_____

_____

_____

_____

Guest Name

_____

_____

Message to Treasure

_____

_____

_____

_____

Guest Name

_____

_____

Message to Treasure

_____

_____

_____

_____

Guest Name

_____

_____

Message to Treasure

_____

_____

_____

_____

Guest Name

_____

_____

Message to Treasure

_____

_____

_____

_____

Guest Name

_____

_____

Message to Treasure

_____

_____

_____

_____

Guest Name

_____

_____

Message to Treasure

_____

_____

_____

_____

Guest Name

_____

_____

Message to Treasure

_____

_____

_____

_____

Guest Name

_____

_____

Message to Treasure

_____

_____

_____

_____

Guest Name

_____

_____

Message to Treasure

_____

_____

_____

_____

Guest Name

_____

_____

Message to Treasure

_____

_____

_____

_____

Guest Name

_____

_____

Message to Treasure

_____

_____

_____

_____

Guest Name

_____

_____

Message to Treasure

_____

_____

_____

_____

Guest Name

_____

_____

Message to Treasure

_____

_____

_____

_____

Guest Name

_____

_____

Message to Treasure

_____

_____

_____

_____

Guest Name

_____

_____

Message to Treasure

_____

_____

_____

_____

Guest Name

_____

_____

Message to Treasure

_____

_____

_____

_____

_____

Guest Name

_____

_____

Message to Treasure

_____

_____

_____

_____

_____

Guest Name

_____

_____

Message to Treasure

_____

_____

_____

_____

Guest Name

_____

_____

Message to Treasure

_____

_____

_____

_____

Guest Name

_____

_____

Message to Treasure

_____

_____

_____

_____

_____

Guest Name

_____

_____

Message to Treasure

_____

_____

_____

_____

Guest Name

_____

_____

Message to Treasure

_____

_____

_____

_____

Guest Name

_____

_____

Message to Treasure

_____

_____

_____

_____

Guest Name

_____

_____

Message to Treasure

_____

_____

_____

_____

_____

Guest Name

_____

_____

Message to Treasure

_____

_____

_____

_____

Guest Name

_____

_____

Message to Treasure

_____

_____

_____

_____

Guest Name

_____

_____

Message to Treasure

_____

_____

_____

_____

Guest Name

_____

_____

Message to Treasure

_____

_____

_____

_____

Guest Name

_____

_____

Message to Treasure

_____

_____

_____

_____

Guest Name

_____

_____

Message to Treasure

_____

_____

_____

_____

Guest Name

_____

_____

Message to Treasure

_____

_____

_____

_____

Guest Name

_____

_____

Message to Treasure

_____

_____

_____

_____

Guest Name

_____

_____

Message to Treasure

_____

_____

_____

_____

Guest Name

_____

_____

Message to Treasure

_____

_____

_____

_____

Guest Name

_____

_____

Message to Treasure

_____

_____

_____

_____

Guest Name

_____

_____

Message to Treasure

_____

_____

_____

_____

Guest Name

_____

_____

Message to Treasure

_____

_____

_____

_____

Guest Name

_____

_____

Message to Treasure

_____

_____

_____

_____

Guest Name

_____

_____

Message to Treasure

_____

_____

_____

_____

Guest Name

_____

_____

Message to Treasure

_____

_____

_____

_____

Guest Name

_____

_____

Message to Treasure

_____

_____

_____

_____

Guest Name

_____

_____

Message to Treasure

_____

_____

_____

_____

Guest Name

_____

_____

Message to Treasure

_____

_____

_____

_____

Guest Name

_____

_____

Message to Treasure

_____

_____

_____

_____

Guest Name

_____

_____

Message to Treasure

_____

_____

_____

_____

Guest Name

_____

_____

Message to Treasure

_____

_____

_____

_____

Guest Name

_____

_____

Message to Treasure

_____

_____

_____

_____

Guest Name

_____

_____

Message to Treasure

_____

_____

_____

_____

_____

Guest Name

_____

_____

Message to Treasure

_____

_____

_____

_____

Guest Name

_____

_____

Message to Treasure

_____

_____

_____

_____

Guest Name

_____

_____

Message to Treasure

_____

_____

_____

_____

Guest Name

_____

_____

Message to Treasure

_____

_____

_____

_____

Guest Name

_____

_____

Message to Treasure

_____

_____

_____

_____

Guest Name

_____

_____

Message to Treasure

_____

_____

_____

_____

Guest Name

_____

_____

Message to Treasure

_____

_____

_____

_____

Guest Name

_____

_____

Message to Treasure

_____

_____

_____

_____

Guest Name

_____

_____

Message to Treasure

_____

_____

_____

_____

Guest Name

_____

_____

Message to Treasure

_____

_____

_____

_____

Guest Name

_____

_____

Message to Treasure

_____

_____

_____

_____

Guest Name

_____

_____

Message to Treasure

_____

_____

_____

_____

Guest Name

_____

_____

Message to Treasure

_____

_____

_____

_____

Guest Name

_____

_____

Message to Treasure

_____

_____

_____

_____

Guest Name

_____

_____

Message to Treasure

_____

_____

_____

_____

Guest Name

_____

_____

Message to Treasure

_____

_____

_____

_____

Guest Name

_____

_____

Message to Treasure

_____

_____

_____

_____

Guest Name

_____

_____

Message to Treasure

_____

_____

_____

_____

Guest Name

_____

_____

Message to Treasure

_____

_____

_____

_____

Guest Name

_____

_____

Message to Treasure

_____

_____

_____

_____

_____

Guest Name

_____

_____

Message to Treasure

_____

_____

_____

_____

_____

Guest Name

_____

_____

Message to Treasure

_____

_____

_____

_____

Guest Name

_____

_____

Message to Treasure

_____

_____

_____

_____

Guest Name

_____

_____

Message to Treasure

_____

_____

_____

_____

Guest Name

_____

_____

Message to Treasure

_____

_____

_____

_____

Guest Name

_____

_____

Message to Treasure

_____

_____

_____

_____

Guest Name

_____

_____

Message to Treasure

_____

_____

_____

_____

Guest Name

_____

_____

Message to Treasure

_____

_____

_____

_____

Guest Name

_____

_____

Message to Treasure

_____

_____

_____

_____

Guest Name

_____

_____

Message to Treasure

_____

_____

_____

_____

Guest Name

_____

_____

Message to Treasure

_____

_____

_____

_____

Guest Name

_____

_____

Message to Treasure

_____

_____

_____

_____

Guest Name

_____

_____

Message to Treasure

_____

_____

_____

_____

Guest Name

_____

_____

Message to Treasure

_____

_____

_____

_____

Guest Name

_____

_____

Message to Treasure

_____

_____

_____

_____

Guest Name

_____

_____

Message to Treasure

_____

_____

_____

_____

Guest Name

_____

_____

Message to Treasure

_____

_____

_____

_____

Guest Name

_____

_____

Message to Treasure

_____

_____

_____

_____

Guest Name

_____

_____

Message to Treasure

_____

_____

_____

_____

Guest Name

_____

_____

Message to Treasure

_____

_____

_____

_____

Guest Name

_____

_____

Message to Treasure

_____

_____

_____

_____

Guest Name

_____

_____

Message to Treasure

_____

_____

_____

_____

Guest Name

_____

_____

Message to Treasure

_____

_____

_____

_____

Guest Name

_____

_____

Message to Treasure

_____

_____

_____

_____

Guest Name

_____

_____

Message to Treasure

_____

_____

_____

_____

Guest Name

_____

_____

Message to Treasure

_____

_____

_____

_____

Guest Name

_____

_____

Message to Treasure

_____

_____

_____

_____

Guest Name

_____

_____

Message to Treasure

_____

_____

_____

_____

Guest Name

_____

_____

Message to Treasure

_____

_____

_____

_____

Guest Name

_____

_____

Message to Treasure

_____

_____

_____

_____

Guest Name

_____

_____

Message to Treasure

_____

_____

_____

_____

Guest Name

_____

_____

Message to Treasure

_____

_____

_____

_____

Guest Name

_____

_____

Message to Treasure

_____

_____

_____

_____

Guest Name

_____

_____

Message to Treasure

_____

_____

_____

_____

Guest Name

_____

_____

Message to Treasure

_____

_____

_____

_____

Guest Name

_____

_____

Message to Treasure

_____

_____

_____

_____

Guest Name

_____

_____

Message to Treasure

_____

_____

_____

_____

Guest Name

_____

_____

Message to Treasure

_____

_____

_____

_____

Guest Name

_____

_____

Message to Treasure

_____

_____

_____

_____

Guest Name

_____

_____

Message to Treasure

_____

_____

_____

_____

Guest Name

_____

_____

Message to Treasure

_____

_____

_____

_____

Guest Name

_____

_____

Message to Treasure

_____

_____

_____

_____

Guest Name

_____

_____

Message to Treasure

_____

_____

_____

_____

Guest Name

_____

_____

Message to Treasure

_____

_____

_____

_____

Guest Name

_____

_____

Message to Treasure

_____

_____

_____

_____

Guest Name

_____

_____

Message to Treasure

_____

_____

_____

_____

_____

Guest Name

_____

_____

Message to Treasure

_____

_____

_____

_____

Guest Name

_____

_____

Message to Treasure

_____

_____

_____

_____

Guest Name

_____

_____

Message to Treasure

_____

_____

_____

_____

Guest Name

_____

_____

Message to Treasure

_____

_____

_____

_____

Guest Name

_____

_____

Message to Treasure

_____

_____

_____

_____

Guest Name

_____

_____

Message to Treasure

_____

_____

_____

_____

Guest Name

_____

_____

Message to Treasure

_____

_____

_____

_____

Guest Name

_____

_____

Message to Treasure

_____

_____

_____

_____

Guest Name

_____

_____

Message to Treasure

_____

_____

_____

_____

Guest Name

_____

_____

Message to Treasure

_____

_____

_____

_____

Guest Name

_____

_____

Message to Treasure

_____

_____

_____

_____

Guest Name

_____

_____

Message to Treasure

_____

_____

_____

_____

Guest Name

_____

_____

Message to Treasure

_____

_____

_____

_____

Guest Name

_____

_____

Message to Treasure

_____

_____

_____

_____

Guest Name

_____

_____

Message to Treasure

_____

_____

_____

_____

Guest Name

_____

_____

Message to Treasure

_____

_____

_____

_____

Guest Name

_____

_____

Message to Treasure

_____

_____

_____

_____

Guest Name

_____

_____

Message to Treasure

_____

_____

_____

_____

Guest Name

_____

_____

Message to Treasure

_____

_____

_____

_____

Guest Name

_____

_____

Message to Treasure

_____

_____

_____

_____

Guest Name

_____

_____

Message to Treasure

_____

_____

_____

_____

Guest Name

_____

_____

Message to Treasure

_____

_____

_____

_____

Guest Name

_____

_____

Message to Treasure

_____

_____

_____

_____

Guest Name

_____

_____

Message to Treasure

_____

_____

_____

_____

Guest Name

_____

_____

Message to Treasure

_____

_____

_____

_____

Guest Name

_____

_____

Message to Treasure

_____

_____

_____

_____

Guest Name

_____

_____

Message to Treasure

_____

_____

_____

_____

Guest Name

_____

_____

Message to Treasure

_____

_____

_____

_____

Guest Name

_____

_____

Message to Treasure

_____

_____

_____

_____

Guest Name

_____

_____

Message to Treasure

_____

_____

_____

_____

Guest Name

_____

_____

Message to Treasure

_____

_____

_____

_____

Guest Name

_____

_____

Message to Treasure

_____

_____

_____

_____

Guest Name

_____

_____

Message to Treasure

_____

_____

_____

_____

Guest Name

_____

_____

Message to Treasure

_____

_____

_____

_____

_____

Guest Name

_____

_____

Message to Treasure

_____

_____

_____

_____

Guest Name

_____

_____

Message to Treasure

_____

_____

_____

_____

Guest Name

_____

_____

Message to Treasure

_____

_____

_____

_____

Guest Name

_____

_____

Message to Treasure

_____

_____

_____

_____

Guest Name

_____

_____

Message to Treasure

_____

_____

_____

_____

Guest Name

_____

_____

Message to Treasure

_____

_____

_____

_____

Guest Name

_____

_____

Message to Treasure

_____

_____

_____

_____

Guest Name

_____

_____

Message to Treasure

_____

_____

_____

_____

Guest Name

_____

_____

Message to Treasure

_____

_____

_____

_____

Guest Name

_____

_____

Message to Treasure

_____

_____

_____

_____

Guest Name

_____

_____

Message to Treasure

_____

_____

_____

_____

Guest Name

_____

_____

Message to Treasure

_____

_____

_____

_____

Guest Name

_____

_____

Message to Treasure

_____

_____

_____

_____

Guest Name

_____

_____

Message to Treasure

_____

_____

_____

_____

Guest Name

_____

_____

Message to Treasure

_____

_____

_____

_____

Guest Name

_____

_____

Message to Treasure

_____

_____

_____

_____

Guest Name

_____

_____

Message to Treasure

_____

_____

_____

_____

Guest Name

_____

_____

Message to Treasure

_____

_____

_____

_____

Guest Name

_____

_____

Message to Treasure

_____

_____

_____

_____

Guest Name

_____

_____

Message to Treasure

_____

_____

_____

_____

Guest Name

_____

_____

Message to Treasure

_____

_____

_____

_____

Guest Name

_____

_____

Message to Treasure

_____

_____

_____

_____

Guest Name

_____

_____

Message to Treasure

_____

_____

_____

_____

Guest Name

_____

_____

Message to Treasure

_____

_____

_____

_____

Guest Name

_____

_____

Message to Treasure

_____

_____

_____

_____

Picture Memories

Picture Memories

Picture Memories

Picture Memories

Picture Memories

Picture Memories

Bonus Gift Package

DOWNLOADABLE PRINTABLE
A4 GIFT TRACKER
A4 PARTY INVITATION
A4 THANK YOUS

http://bit.ly/80s-party-freebies

Made in United States
Troutdale, OR
05/22/2024

20053828R00067